山間部の様子がわかるイラストです。上が昔の様子、下が今の様子を表しています

山間部でのできごとやく［らし］を時代ごとに紹介しています

26

山間部は人口が減ってしまい、
公共交通機関にもさまざまな工夫が必要になってきています。

じゃり道が舗装されて人と物の行き来が便利に

昭和30年ごろまで、山間部の道路は土の上にじゃりがまかれただけのものでした。山奥には車はめったに来ないため、道路は子どもたちの遊び場でもありました。

その後、舗装された道路になり、車が行き交うようになりました。トンネルが掘られ、山向こうの村へも気軽に行けるようになりました。

路線バスが廃止に

昭和時代後期になると、山間部では人口が減りはじめました。たくさんの若者が、仕事が多く生活に便利な都市部に行ってしまったからです。

住民が少なくなり乗客が減ったため、多くの路線バスは廃止されてしまいました。そのため山間部では、買い物や病院に行くのも難しい交通難民が問題になりました。

利用する人に合わせて運行するオンデマンドバス

平成時代〜

人口が減った地域の交通問題を解決するため、利用する人のよび出しに合わせて運行するバスが登場。これをオンデマンドバスといいます。

路線バスがなくなった村やまちがかかわって運行することが多く、山間部の新しい公共交通として、注目を集めています。

27

まとめてみよう

まちのうつりかわりを　まとめてみよう①　都市部

まとめることがら ＼ 時代	明治時代	昭和時代後期	平成・令和時代
公共施設のうつりかわり	だれでも学校に行けるようになったので、学校が増えた。	東京オリンピックをきっかけに、スポーツ施設がたくさんつくられた。	介護施設と保育園がいっしょになっている、複合施設ができた。
交通のうつりかわり	道路は土がむき出しの状態。人々は主に人力車や馬車で移動していた。	高速道路、新幹線、地下鉄が開通し、人々の移動がますます便利になった。	リニアモーターカーの開発が進んでいる。さらに移動が便利になると思う。
東京都の人口のうつりかわり	約200万人	約970万人	約1300万人
まとめ わかったこと、気づいたこと	・建物が木でできているので、火事になったら大変だと思う。 ・道路が土なので、砂ぼこりがすごそう。 ・車がないから、遠くまで出かけるのが大変そう。	・田畑があった場所に、家が建っている。 ・建物が木じゃないものでできている。 ・移動するときに使う乗り物の種類が増えたので、出かけやすくなったと思う。	・タワーマンションの中にお店が入っているので、マンションから出なくても用事がすんで楽だと思う。 ・リニアモーターカーに乗るのが楽しみ。

36　37

この本でわかったことなどを、年表にまとめよう。年表の用紙は、この本のおわりにあるよ

しらべてまとめる

まちとくらしのうつりかわり

❶交通、公共施設、人口ほか

監修：澤井陽介　国士舘大学教授

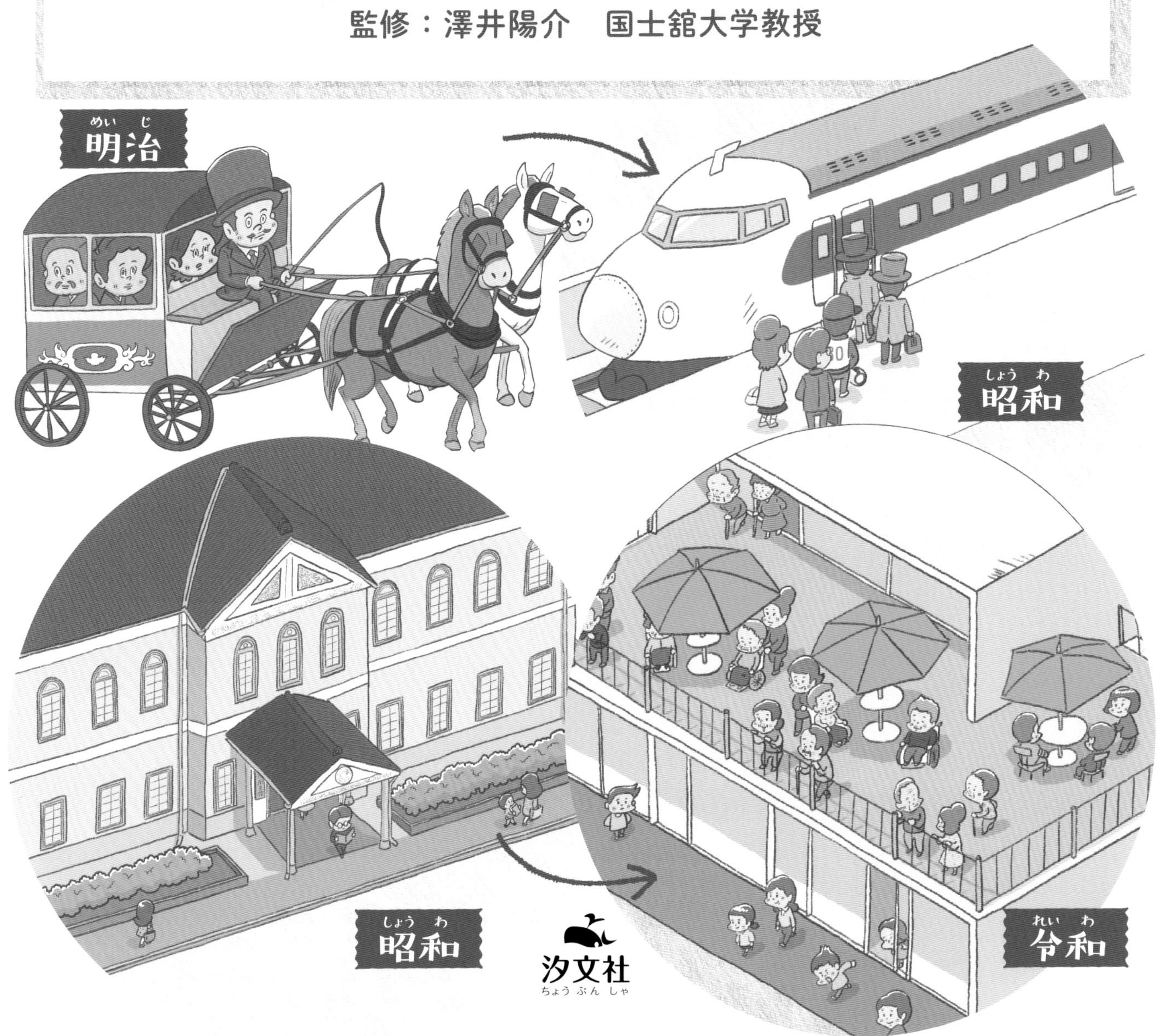

汐文社

はじめに

みなさんは自分たちの住んでいるまちの歴史（昔のこと）をしらべたことがありますか。今、みなさんが当たり前のようにくらすことができているのは、多くの人の努力によって、まちがかわってきたからです。

この本では、「都市部と山間部のまちのうつりかわり」を絵と写真で紹介していきます。うつりかわりとは、「だんだんとかわってきた様子」を表す言葉です。電車やバスなどの交通や土地の使われ方がどうかわっていったかを見てみましょう。

みなさんは社会科の授業で実際にくらすまち（市、区、町、村）のことを学習します。市、区、町、村は日本全国に数え切れないほどあり、また都市部と山間部では、まったく様子が違っています。

「自分たちの住んでいるまち（市、区、町、村）では、このことはどうだろうか」などとしらべたり、まとめたりするときに、この本を参考にしてほしいと思います。

まちや、そこでくらす人々のくらし方のうつりかわりを学習すると、きっとみなさんは自分たちの住んでいるまちのことがもっと好きになると思います。まちでくらす人々に感謝の気持ちをもつようになると思います。

そして、自分たちもこのまちの一員だという気持ちで、これからの「よりよいまち」を考えるようになってほしいと願っています。

国士舘大学　澤井 陽介

目次

道路や建物はどうかわっていったのだろう？

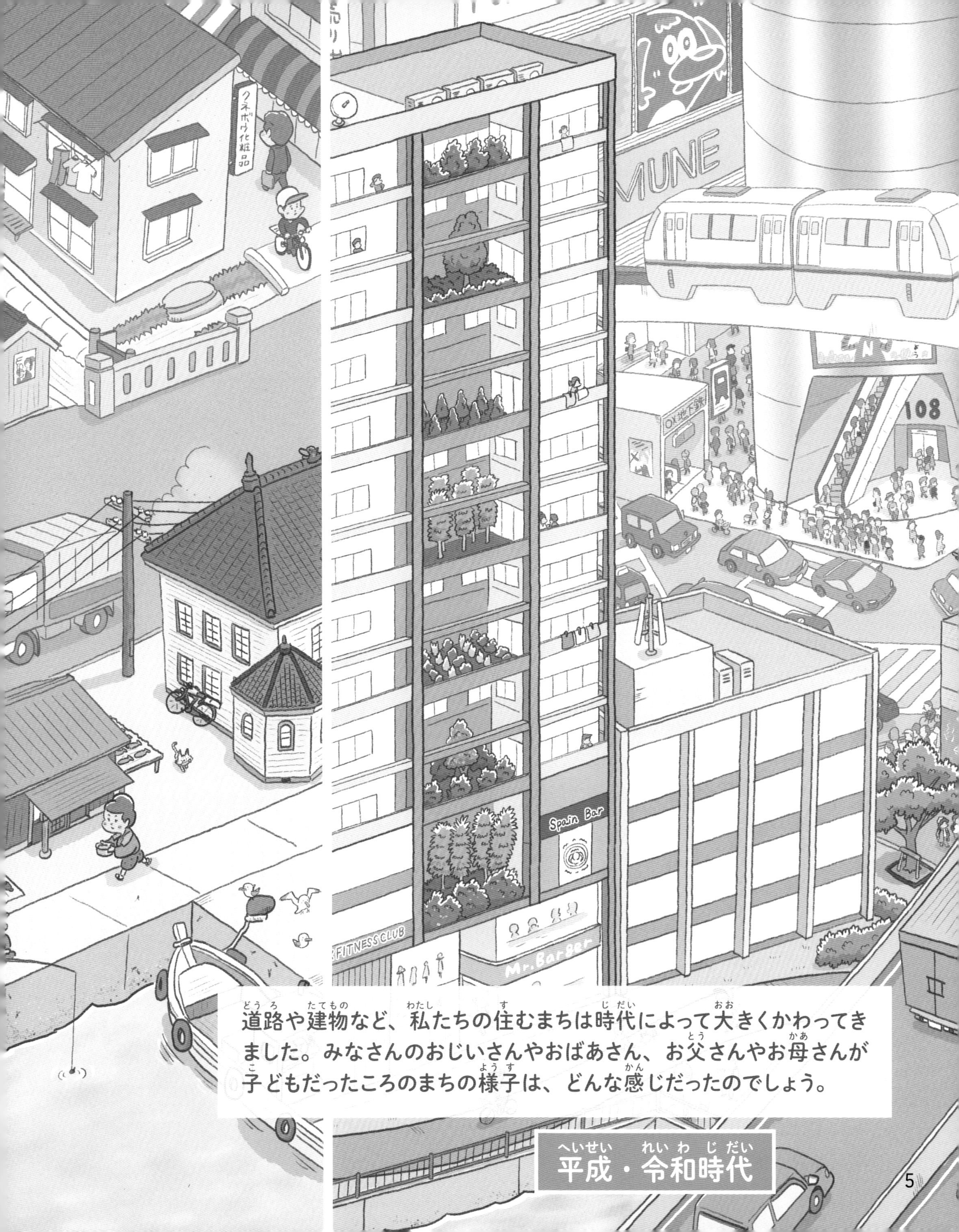

道路や建物など、私たちの住むまちは時代によって大きくかわってきました。みなさんのおじいさんやおばあさん、お父さんやお母さんが子どもだったころのまちの様子は、どんな感じだったのでしょう。

平成・令和時代

明治時代の土地の使われ方

明治時代は、都市部にも田畑がたくさんありました。
道路も整えられておらず、土でできていました。

明治	大正	昭和前期	昭和中期・後期	平成	令和

田畑と農家

昔の日本の土地は、多くが**田畑**や森林で、広い田畑の中に、人が住む小さなまちがぽつんとありました。

農家の人々が行ったり来たりするのは、田畑の間にある、土を高く盛ってつくった**あぜ道**でした。

土でできた道

道路には、馬が引っぱって人や荷物を運ぶ**馬車**が走るようになりました。また、人が人を運ぶ**人力車**もできました。

道路は土のままだったので、馬車や人力車が走ると土がまって砂ぼこりがあたりにとびちりました。

新しい建物と商売の様子

農家にまざって、西洋風の建物が登場。商売する人も増え、商品をせおって売り歩いたり、かさや鍋を修理してまわったりする**行商人**が活やくしました。

海や川が近いまちには**船**で売りにいくことも。船は商品を運ぶだけでなく、人々にとって大切な移動手段でもありました。

昭和時代の土地の使われ方

昭和時代は大きな戦争が起こった時代です。
戦後、道路や住宅地などが新しくつくられ、まちは生まれかわりました。

明治	大正	昭和前期	昭和中期・後期	平成	令和

増える住宅地

戦争が終わり昭和30年代になると、日本のくらしは大きくかわっていきました。人口が急に増えたため、田畑をどんどん住宅地にかえました。

それでも家を建てる土地がたりなくなると、**団地**が次々につくられました。団地とは、たくさんの住宅を一つの場所に集めた地域や建物のことです。

生まれかわるまち

日本の家のほとんどは木でできていたため、戦争で多くの都市が燃えてしまい、まち全体をつくりなおす必要がありました。

見通しのよい広い道路や公園、**公民館**など人々のくらしを支える施設をつくることによって、まちは住みやすく生まれかわりました。

便利になった買い物

八百屋さん、魚屋さんなどの一種類の商品を専門に売る**個人商店**のほかに、**スーパーマーケット**が登場。いろいろなものを一つの店で買えるようになりました。

お店をいくつもまわって買い物しなくてよくなり、商品も豊富になったので、人々の買い物は便利になりました。

平成・令和時代の土地の使われ方

平成・令和時代になると、ますます都市部に人が集中するようになりました。土地をできるかぎり有効に活用するため、高い建物が増えました。

明治	大正	昭和前期	昭和中期・後期	平成	令和

広がっていく都市

まちの中心には店や会社が増え、ますますにぎやかになりました。都市部には使える土地が少なくなったため、高い建物が増え、まちがまわりに広がっていきました。

まちのそばの浅い海は埋められ、**埋め立て地**ができました。新しい技術を使った電車である**モノレール**は、地面ではなく高いところを走ります。

進化する建物

買い物ができる場所や仕事をする場所、ホテルなどが一つの建物に集まった、便利な**複合商業施設**が登場しました。

建物は地下にも広がり、地下街が進化しました。地下街には地下鉄の駅や駐車場がつながっていて、雨の日でも傘をささずに移動できます。

高層ビルの登場

東京などの大都市には、高層ビルが建ち並んでいます。マンションも階数がどんどん増えて、**タワーマンション**とよばれるようになりました。

大勢の家族が住むタワーマンションの中には、スーパーマーケットやスポーツジムなどが入っているところもあり、住む場所も便利になっています。

交通
明治時代の交通
蒸気機関車
馬車鉄道
人力車

明治時代には、馬や蒸気機関を使って動かす乗り物が身近になったことで、人々の行動範囲が広がりました。

明治	大正	昭和前期	昭和中期・後期	平成	令和

日本で発明された人力車

明治時代は、自動車がほとんどなく、代わりに**人力車**が活やくしていました。人力車は、人の力で人を運ぶための車で、日本で発明されたものだといわれています。

車夫とよばれる運転手が車を引き、雨や日差しをよける覆いもついています。現在のタクシーのように、便利な乗り物として利用されていました。

安くて気軽に乗れた馬車鉄道

明治時代に入ると、東京の新橋と日本橋の間、今の銀座通りに、それまで日本にはなかった、石づくりやレンガづくりの建物ができました。

明治15年には、この銀座通りに、馬に引かれて客車がレールの上を走る**馬車鉄道**が開通しました。運賃が安く乗り心地もよかったため、たくさんの人が乗りました。

人々の行動範囲を広げた鉄道の開通

日本ではじめて**蒸気機関車**が走ったのは、明治５年のこと。イギリスから輸入され、東京の新橋から神奈川の横浜まで約１時間で行けるようになりました。

蒸気機関車は、石炭を燃やしてつくった蒸気を使って、えんとつから黒いけむりをはきながら走りました。明治時代の終わりには全国に広がっていきました。

交通
昭和時代の交通
高速道路
新幹線
うえの
上野
UENO
3 のりば
常磐線
成田線
地下鉄

昭和時代になると、新幹線、高速道路など、
遠い距離もこれまでよりずっとはやい速度で移動する乗り物が登場しました。

明治	大正	昭和前期	昭和中期・後期	平成	令和

全国にはりめぐらされた高速道路

昭和30年代に入り、くらしが豊かになると、自動車をもつ人が増えました。このころから、陸の移動の主役は車になりました。

昭和38年、関西地方に名神高速道路の一部が開通。その後40年ほどの間に、日本全国に**高速道路**がはりめぐらされました。

「夢の超特急」新幹線の開通

昭和39年、東京オリンピックの年に生まれた**新幹線**。東京と大阪の間を4時間で移動できる東海道新幹線は、「夢の超特急」とよばれました。

オリンピック開幕の約10日前、はじめての新幹線を見るため、数百人が集まりました。新幹線の開通は、日本が敗戦を乗り越えたと感じられた大きなできごとでした。

大都市に広がる地下鉄

人口100万人をこえる大都市が各地に生まれはじめました。これらの都市では、電車の混雑や道路の渋滞などが問題に。

こうした問題を解決するために、**地下鉄**が建設されました。現在では、約10の都市に地下鉄があり、人々の生活を支えています。

交通
平成・令和時代の交通
LRT
自動運転自動車
リニアモーターカー

平成・令和時代になると、技術がさらに進化し、車の機能もどんどんよくなっています。また、環境のことを考えた乗り物も登場しました。

明治	大正	昭和前期	昭和中期・後期	平成	令和

はやくなる乗り物

リニアモーターカーは、磁石の力を使って浮き上がりながら進む電車です。飛行機のようにはやく、新幹線のようにたくさんの人をいっきに運べます。

日本でもリニアモーターカーを走らせる計画が進んでいます。東京と大阪を約1時間で移動できるようになります。

環境にやさしい交通機関LRT

LRTとはLight Rail Transitの略で、道路を走る電車のことです。以前までの路面電車にくらべ、省エネで環境にやさしく、乗り心地がよいのが特徴です。

また、床が低くなっているので、車いすやベビーカーも乗り降りしやすくなっています。駅のホームと電車の間もせまく、事故が起きにくいため、バリアフリーな乗り物としても注目されています。

どんどん進化する自動車

平成時代後期から、交通事故を起こさないための自動車の研究が進められています。ぶつかりそうになったら、自動で止まるしくみがある車も登場しました。

平成30年ごろには、人間がハンドルを動かさなくても勝手に走る**自動運転自動車**の研究がいっきに進みはじめました。

公共施設
明治時代の公共施設
洋風の建物
神社
学校

明治時代は、政府が新しくなり、公共施設がたくさんできました。
また、西洋の文化が日本に入ってきたため、新しい施設の多くは洋風につくられました。

明治	大正	昭和前期	昭和中期・後期	平成	令和

新しい制度ができて学校が身近に

明治5年に、新しい学校制度ができると、多くの国民が**学校**に行けるようになりました。そのころの学校は、お寺や民家を利用したものもありました。

校舎は木造で、施設が十分でないことがほとんど。運動場がない学校では、子どもたちは空き地で遊び回っていました。

お寺や神社はみんなのいこいの場

お寺や**神社**は、人々のくらしの一部になっていました。散歩に出たときや学校の行き帰りなど、毎日欠かさずお参りに行く人も少なくありませんでした。

また、地域の人々と力を合わせて、お祭りをひらきました。お祭りは、地域の人々のつながりを深めることに役立ちました。

洋風の建物が増える

明治時代は、西洋の文化がどっと日本に入ってきた時代です。役所や、絵画や工芸品などをかざる博物館などの多くは、**洋風の建物**になりました。

日本人の大工たちは、外国人の建築家に弟子入りし、さまざまな建築方法を教えてもらいました。そして、外国と日本の文化をうまくまぜ合わせていったのです。

昭和時代の公共施設

昭和時代の中ごろ、戦争が終わり、
新しい都市づくりのために、公共施設が生まれかわっていきました。

明治	大正	昭和前期	昭和中期・後期	平成	令和

新しいまちづくり計画

戦争が終わると国や市区町村は新しいまちづくりのための計画を立てました。人口が増えたため、**役所**はこれまでの建物ではせまくなり、広く立派な建物になりました。

そして、役所のまわりには人々の文化的で健康なくらしを守るための、**公園**や病院などの公共施設がたくさんつくられるようになりました。

公共施設が増えてくらしが豊かに

国は、地域の人たちが集まって話をし、交流を深めるための施設をそれぞれの地域におくことをすすめました。これが、公民館のはじまりです。

また、公民館以外にも、知りたいことや楽しみたいこと、体験したいことができるように図書館や文化センターなどもつくられました。

東京オリンピックをきっかけにスポーツ施設が増加

昭和39年に東京オリンピックが開かれると、体育館や**プール**、陸上競技場などのスポーツ施設がたくさんつくられました。学校でもクラブ活動がはじまりました。

施設ができたのと同時に、スイミングクラブや体操クラブなども登場し、人々は気軽にスポーツを楽しめるようになりました。

平成・令和時代の公共施設

平成から令和時代となった現在は子育てや福祉など、
どんな人でもくらしやすいようにさまざまな取り組みがなされています。

明治	大正	昭和前期	昭和中期・後期	平成	令和

福祉施設でだれもが幸せにくらせるまちに

福祉とは、みんなが幸せになれるように取り組む活動やしくみをいいます。そのためにつくられたのが福祉施設です。

たとえば、お年寄りの手助けをするデイサービスセンターや、子どもたちが安心して遊べる児童館なども福祉施設の一つです。

新しい時代に合わせた複合施設

複合施設とは、一つの建物の中でいくつかの機能をもった施設のことです。

たとえば、**保育園**とお年寄りの**介護施設**が一つになったものなどがあります。

おじいさんやおばあさんと一緒にくらす家族が減った現代。お年寄りと同じ建物の中で交流することで、子どもたちに思いやりやマナーが身につくといわれています。

環境に配慮した公共施設

温暖化などの環境問題はどんどん深刻になっています。そこで、まちの中に木や草花などの自然を増やす、**緑化計画**が進められています。

公共施設でも屋上に草花を植えたり、屋上農園をつくったりすることが増えました。環境にやさしいだけでなく、都会にいながら自然と触れ合うことができると評判です。

山間部の土地の使われ方

山間部には、山を上手く利用した田畑や果樹園があります。
山を切り開いてつくられたダムも人々のくらしを支えています。

地域を守る森林のしくみ

明治時代〜

明治時代から、山にかこまれた地域では、山くずれやなだれなどの被害をうけないように、木を植えることで土地を強くしてきました。

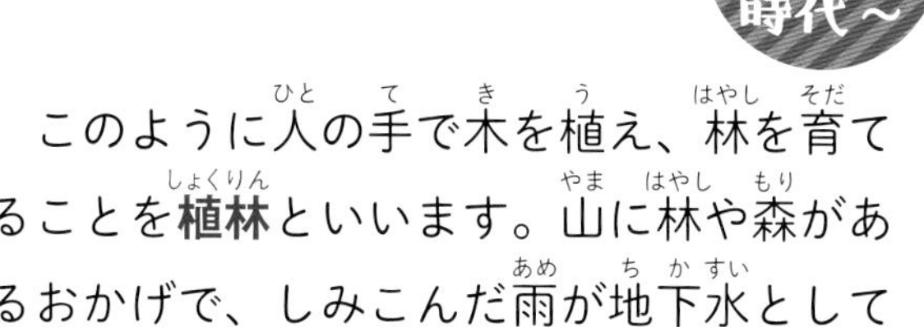

このように人の手で木を植え、林を育てることを**植林**といいます。山に林や森があるおかげで、しみこんだ雨が地下水としてたくわえられ水不足を防いでくれるのです。

山のしゃ面を利用した畑

昭和時代〜

平地が少ない地域では、少しでも広く田畑を確保するために、山のしゃ面を切り開いて、畑をつくりました。

このように人々はさまざまな工夫をして作物をつくり、昭和時代の終わりごろには、お米や野菜がいつでも食べられるようになりました。

くらしを支えるダム

山の上から流れてくる水をせき止めて人工の大きな池である**ダム**をつくりました。

ダムには、さまざまな役割がありますが、平成時代になると防災としてのはたらきが注目されるようになりました。

雨が少なく、水が減ってしまったときは、ダムにためておいた水を川に流します。

反対に、雨がたくさん降ったときは、ダムで水をせき止めて洪水を防ぐのです。

山間部
山間部の交通
トンネル
舗装された道路
オンデマンドバス

山間部は人口が減ってしまい、
公共交通機関にもさまざまな工夫が必要になってきています。

じゃり道が舗装されて人と物の行き来が便利に

昭和30年ごろまで、山間部の道路は土の上にじゃりがまかれただけのものでした。山奥には車はめったに来ないため、道路は子どもたちの遊び場でもありました。

その後、**舗装された道路**になり、車が行き交うようになりました。**トンネル**が掘られ、山向こうの村へも気軽に行けるようになりました。

路線バスが廃止に

昭和
時代〜

昭和時代後期になると、山間部では人口が減りはじめました。たくさんの若者が、仕事が多く生活に便利な都市部に行ってしまったからです。

住民が少なくなり乗客が減ったため、多くの路線バスは廃止されてしまいました。そのため山間部では、買い物や病院に行くのも難しい交通難民が問題になりました。

利用する人に合わせて運行するオンデマンドバス

人口が減った地域の交通問題を解決するため、利用する人のよび出しに合わせて運行するバスが登場。これを**オンデマンドバス**といいます。

路線バスがなくなった村やまちがかかわって運行することが多く、山間部の新しい公共交通として、注目を集めています。

山間部
山間部の公共施設
バリアフリー化
Iターン

山間部では公共施設を使って地域を盛り上げるために、さまざまな活動をしています。

地域の結びつきを強める神社やお寺

山間部では、お互いに助け合って生活をしています。地域にある集会所や公民館などに集まって、村の問題を解決したり、住人どうしで交流をしたりしてきました。

また、村には昔から、地域の中心となる神社やお寺があり、村人みんなで準備をして行事をすることで、結びつきを強めていました。

バリアフリーでだれもが住みやすいまちに

山間部では、都市部よりも20年早く高齢化が進んでいるといわれています。そのため、さまざまな施設で**バリアフリー化**が進められています。

バリアフリー化とは、階段に手すりをつける、駅や施設の案内を大きな文字で表示する、バスの出入り口の段差をなくすなどの工夫のことです。

特色をいかしたまちづくりのために

平成時代に入ると、それぞれの地域の自然や歴史などの特色をいかしたまちづくりをするために、史料館や、観光案内所がたくさん設置されるようになりました。

また、都市部から山間部に移り住む人もいて、これを**Iターン**といいます。

どの地域も都会にはないよさを伝えて、若者が来てくれるよう努力をしています。

人口のうつりかわり

住んでいる人の数のことを、人口といいます。
日本の人口は、昭和時代ごろまでは増え、
平成時代からはだんだん減ってきています。

都市部の人口

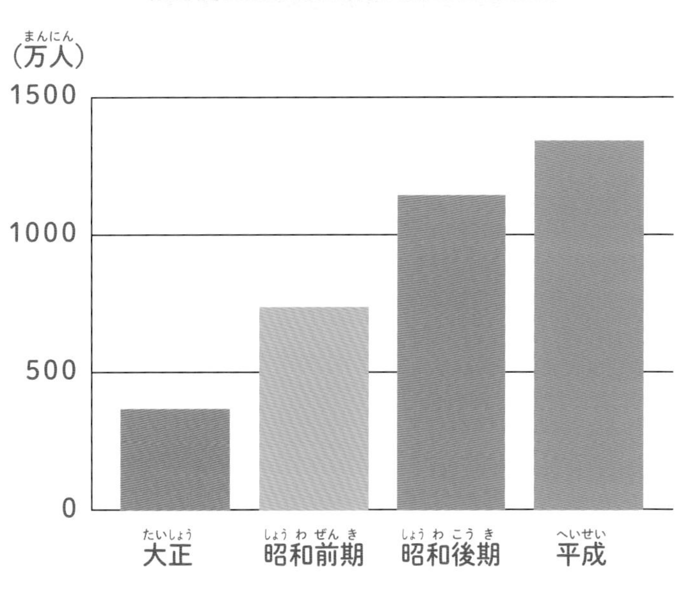

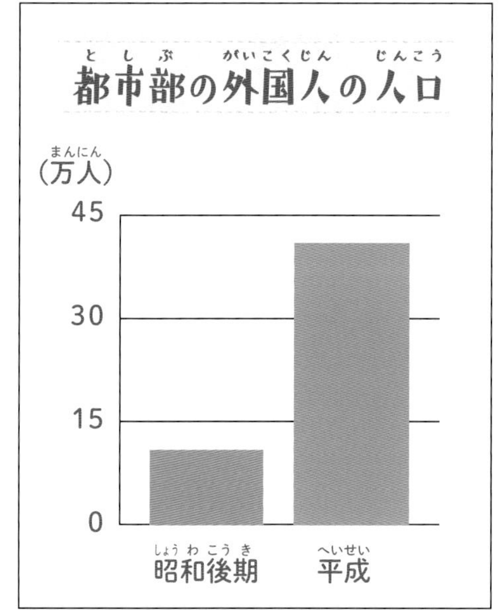

※それぞれ1920年、1940年、1980年、2010年時点での人口です。
※都市部は、東京都の人口を参考にしています。
(出典：総務省統計局「人口推計」、「東京都の統計」)

都市部では増えている人口

都市部の人口は昔から今までの間に、どんどん増えてきています。特に、65歳以上の人口が毎年増えています。

また、日本に働きにやってくる外国の人もどんどん増えています。若い人が減ってきている日本では、外国の人々の力が必要になってきているのです。

山間部の人口

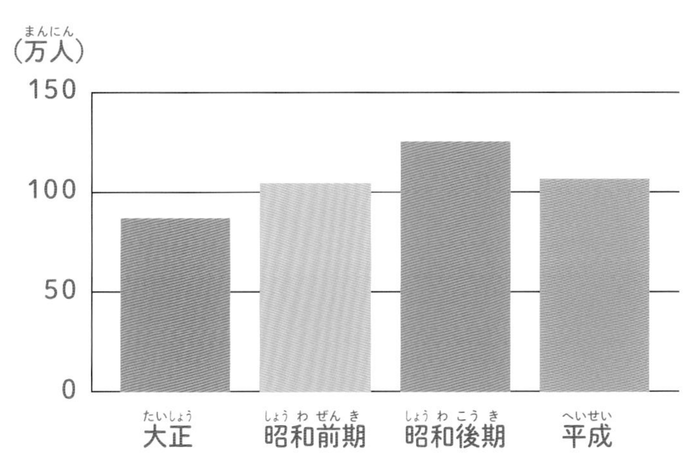

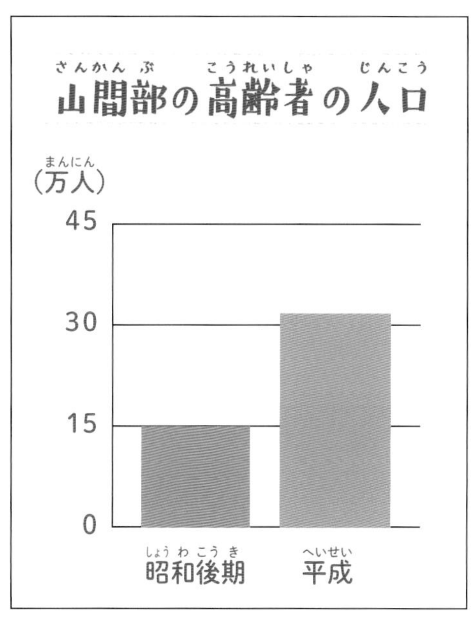

※それぞれ1920年、1940年、1980年、2010年時点での人口です。
※山間部は、秋田県の人口を参考にしています。

（出典：総務省統計局「人口推計」）

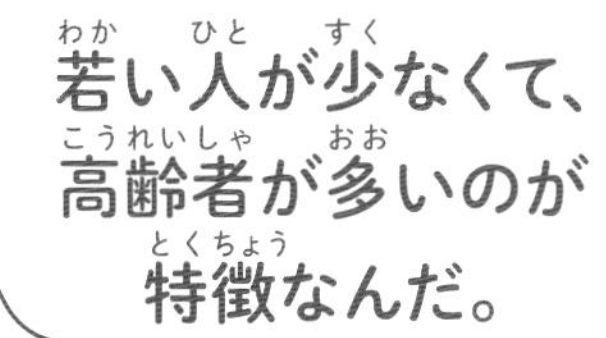

年々減少する人口

山間部では、昭和時代後期ごろまでは人口が増えていましたが、平成時代に入ったころから年々減っています。

仕事をするために山間部から都市部に移り住む人が多いためです。若者が減る半面、高齢者が増えていることも問題になっています。

考えてみよう

これからのまちのために

どのまちも、「まちづくり方針」という目標を立てて、さまざまな活動をしています。これらは人々のくらしをよくするために必要な目標です。みんなも、自分のまちをどのようにしていきたいか考えてみましょう。

まちづくり方針

1 土地を有効に

みんながくらしやすいように、公園や草木などの緑地を増やす。

2 すべての人がくらしやすいまち

子育てをする人、体が不自由な人にも便利な環境をつくる。

3 人のつながりができる環境づくり

人々が助け合えるような、地域イベントを行う。

4 交通環境の整備

駅やバス停を整備し、より安全に便利にする。

5 伝統を大切にするまち

歴史ある建物を守り、伝統芸能を受け継ぐ。

ぼくのおじいちゃんが、足をけがしてしまったとき、
駅の階段を上るのが大変だったって言っていたよ。
公共施設は、段差がないバリアフリーにすると
みんながくらしやすくなると思うな。

それから、最近は外国から来た観光客が
道にまよっているのをよく見かけるんだ。
道案内の看板に、外国語が書いてあればいいのになあ。

通学路にお花がたくさん植えてあって、いつも気持ちいいの。
まちの人たちが整えてくれているから、
いつもきれいにさいているんだよね。

最近お母さんが会社に行くときに、
家の車じゃなくて電車を使うって言っていたよ。
環境のために、電車とかバスなどの
公共交通機関を使うのも大切だと思うよ。

考えてみよう

自分が住むまちをよりよくするには、どんなことをしたらいいか考えてみましょう。

また、自分のまちの取り組んでいることでよいと感じたことをまとめてみましょう。

例

- **まちに緑が少ないので、花や木を植えるといい。**
- **自転車置き場を増やせば、車に乗る人は減ると思う。**
- **駅前がバリアフリーになってよかった。**

まとめてみよう

年表の書き方

テーマ例やまとめの書き方を参考に、
好きなテーマを選んで年表をつくってみましょう。

テーマ例

- 交通のうつりかわり
- 山間部の公共施設のうつりかわり
- 東京の人口のうつりかわり

まとめの書き方①

わかったことで特に重要だと思ったことや、自分が思ったこと、気づいたことを書きましょう。

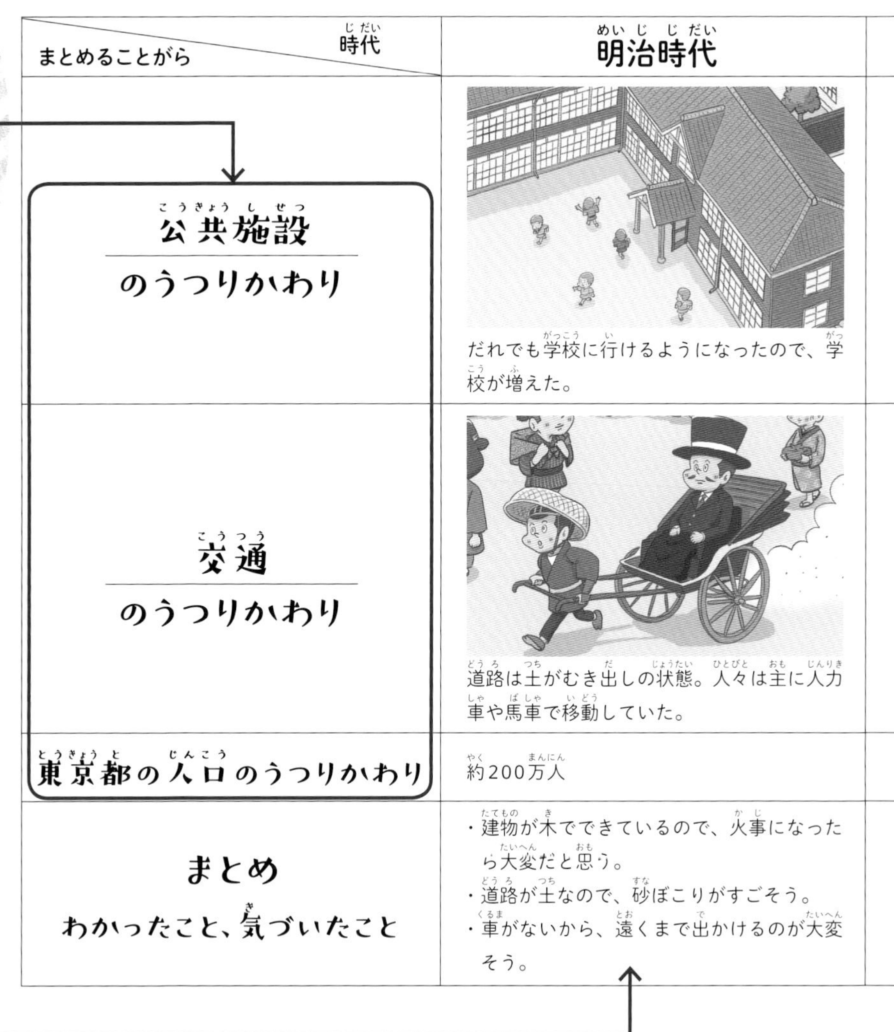

まちのうつりかわりを

まとめることがら ＼ 時代	明治時代
公共施設のうつりかわり	だれでも学校に行けるようになったので、学校が増えた。
交通のうつりかわり	道路は土がむき出しの状態。人々は主に人力車や馬車で移動していた。
東京都の人口のうつりかわり	約200万人
まとめ わかったこと、気づいたこと	・建物が木でできているので、火事になったら大変だと思う。 ・道路が土なので、砂ぼこりがすごそう。 ・車がないから、遠くまで出かけるのが大変そう。

時代の選び方

まとめるテーマに合わせて考えましょう。例えば、交通の様子がテーマなら、鉄道が通った時期や大きな道路ができた時期をもとに、明治時代、昭和時代などと決めていきましょう。

まとめてみよう①

都市部

昭和時代後期	平成・令和時代
  東京オリンピックをきっかけに、スポーツ施設がたくさんつくられた。	介護施設と保育園がいっしょになっている、複合施設ができた。
 高速道路、新幹線、地下鉄が開通し、人々の移動がますます便利になった。	リニアモーターカーの開発が進んでいる。さらに移動が便利になると思う。
約968万人	約1300万人
・田畑があった場所に、家が建っている。 ・建物が木じゃないものでできている。 ・移動するときに使う乗り物の種類が増えたので、出かけやすくなったと思う。	・タワーマンションの中にお店が入っているので、マンションから出なくても用事がすんで楽だと思う。 ・リニアモーターカーに乗るのが楽しみ。

年表の書き方

テーマを決めたら、書きたい内容を本の中から探しましょう。イラストや写真を見て、同じように絵を書いてみてください。

3つの枠がうまらないときは、インターネットなどでしらべてみてもいいです。この本を参考にして、自分の住むまちの様子をしらべてまとめられたら、さらによいですね。

まとめの書き方②

上で書いた変化によって、人々のくらしがどうかわったかを考えて書きましょう。

まとめてみよう

まちのうつりかわりを

まとめることがら ＼ 時代	明治時代	
公共施設のうつりかわり	 だれでも学校に行けるようになったので、学校が増えた。	
交通のうつりかわり	 道路は土がむき出しの状態。人々は主に人力車や馬車で移動していた。	
東京都の人口のうつりかわり	約200万人	
まとめ わかったこと、気づいたこと	・建物が木でできているので、火事になったら大変だと思う。 ・道路が土なので、砂ぼこりがすごそう。 ・車がないから、遠くまで出かけるのが大変そう。	

まとめてみよう①　都市部

	昭和時代後期	平成・令和時代
	 東京オリンピックをきっかけに、スポーツ施設がたくさんつくられた。	 介護施設と保育園がいっしょになっている、複合施設ができた。
	 高速道路、新幹線、地下鉄が開通し、人々の移動がますます便利になった。	 リニアモーターカーの開発が進んでいる。さらに移動が便利になると思う。
	約970万人	約1300万人
	・田畑があった場所に、家が建っている。 ・建物が木じゃないものでできている。 ・移動するときに使う乗り物の種類が増えたので、出かけやすくなったと思う。	・タワーマンションの中にお店が入っているので、マンションから出なくても用事がすんで楽だと思う。 ・リニアモーターカーに乗るのが楽しみ。

まとめてみよう

まちのうつりかわりを

まとめることがら ＼ 時代	明治時代
土地の使われ方のうつりかわり	 山くずれを防ぐため、植林をしてまちを守っていた。
公共施設のうつりかわり	 お寺や神社があり、子どもたちの遊び場になっていた。
秋田県の人口のうつりかわり	約80万人
まとめ わかったこと、気づいたこと	・植林された後、大きな木になるまでどのくらいかかるのかが気になる。 ・神社でどんな遊びをしていたのか知りたい。

まとめてみよう②　山間部

	昭和時代	平成・令和時代
	 田畑を工夫してたがやすことで、お米や野菜がいつでも食べられるようになった。	 山にダムをつくって、水をためたり洪水を防いでいる。
	 まちに来た観光客にまちのことを知ってもらうために、観光案内所や史料館などができた。	 まちに住む高齢者がくらしやすいように、まちの公共施設がバリアフリー化された。
	約120万人	約100万人
	・だんだん畑は、土地がせまくてもたくさん野菜やくだものがつくれるから便利だと思う。 ・観光案内所などのまちのことを知ってもらう施設も大切だと思う。	・大きなダムは、たくさんの人のくらしを支えていると思う。 ・バリアフリー化された建物だと、高齢者だけでなく車いすや杖を使う人にも良いと思う。

名前（なまえ）＿＿＿＿＿＿＿＿＿＿

まとめることがら ＼ 時代（じだい）	
＿＿＿＿＿＿ のうつりかわり	
＿＿＿＿＿＿ のうつりかわり	
＿＿＿＿ の人口（じんこう）のうつりかわり	
まとめ わかったこと、気（き）づいたこと	